Vincenz Bernhard Tscharner

Lobrede auf Herrn Albert Haller

Vincenz Bernhard Tscharner

Lobrede auf Herrn Albert Haller

ISBN/EAN: 9783744605045

Hergestellt in Europa, USA, Kanada, Australien, Japan

Cover: Foto ©ninafisch / pixelio.de

Weitere Bücher finden Sie auf **www.hansebooks.com**

Lobrede auf Hrn. Albert Haller,

welche
auf veranstaltung der Lobl. ökonomischen Gesellschafft
den fünf und zwanzigsten Merzen
öffentlich abgelesen worden
durch
V. B. Tscharner,
des großen Raths
und gewesenen Landvogt zu Aubonne.

Bern,
bey der typographischen Gesellschaft.
1778.

Denen

Hochwohlgebohrnen, Hochgeachten,

Gnädigen

Herren, Herren,

Schultheiß und Räthen

der

Stadt und Republik

Bern.

Euer Gnaden haben die, vor kurzen tagen, auf veran=

staltung der ökonomischen Gesellschaft, mit öffentlicher feyrlichkeit, dem andenken des sel. Hrn. Hallers gewiedmete ehrenbezeugung, Dero gegenwart und hohen beyfalles gewürdiget.

Diese besondere gewogenheit läßt mich hoffen, Hoch Dieselben werden Sich die freyheit nicht mißfallen lassen, die ich nehme, das so vorzüglich von dem Hrn. Haller verdiente Lob, dessen geringes werkzeug ich bey jenem anlaße gewesen bin, nunmehr, unter Dero Schuz, durch den druk bekannter zu machen.

Die zeichen eines Hohen Wohlwollens, die der Verstorbene von **Euer Gnaden** vielfältig empfangen, hatten auf die glüklichsten tage seines lebens einen entscheidenden einfluß; nun haben **HochDieselben** auch Sein andenken auf eine so ausgezeichnete weise beehret, die auf Seinen nachruhm, in dem Vaterlande, einen neuen, unverwelklichen glanz, verbreitet.

So wie die aufmerksamkeit Weiser Regenten, auf seltene gaben und grosse verdienste, das kräftigste mittel ist, eine glükliche nacheiferung zu erweken; so wird auch jede, den wissenschaften und einem nuzlichen fleiße bezeugte Huld, für wohldenkende, eine neue verbindung, zu einer dankbaren verehrung der Häupter des Staates.

Mit dem lebhaftesten gefühle, habe ich die ehre, Euer Gnaden, so wohl die aufrichtigsten danksempfindungen aller Mitglieder der ökonomischen Gesellschaft, als insbesonders meine gehorsamste Ehrerbietung, öffentlich zu bezeugen.

Lobrede
auf
Hrn. Albert Haller,

bey lebzeit

Hrn. zu Goumoens le jux und Eclagnens,
des grossen Raths der Statt und Republik Bern,
gewesenen Ober Salzdirecktorn zu Roche 2c.
Präsidenten der königl. Gesellschafft der Wissenschafften
zu Göttingen,
und der ökonomischen Gesellschafft in Bern;
der königl. Akademie der Wissenschafften in Paris,
auch vieler andrer berühmten
Akademien und gelehrten Gesellschafften
Mitglied;
königl. Britannischen Leibarzt und Churfürstlich
Hanöverschen Hofrath 2c.
Rittern des königl. Schwedischen Ordens des
Polarsternes 2c.

Dem auftrage zufolge, den Sie mir gegeben haben, einen entwurf des ruhmvollen lebens und der wichtigen arbeiten unsers hochgeschäzten Präsidenten, des Hrn. Hallers, dieser hochansehnlichen Versammlung vorzulesen, genieße ich heute das vergnügen, ihnen meine ganze hochachtung gegen den selig verstorbenen entdeken zu können, meine überzeugung von Seinen großen verdiensten auf Dero zeügniß zu stüzen, und ihnen würdig geschienen zu haben, das pfand unsrer gemeinschafftlichen empfindungen, bey deßelben andenken, an den rand Seiner noch frischbedekten grufft zu legen.

Bey dem verluste einer geschäzten Person ist dieses der vernünfftigste trost, daß wir uns ihres gekannten werthes mit einem dankbaren beyfalle erinnern. Diese erinnerung wird zu einer pflicht gegen das andenken solcher Personen, die Sich um das vaterland und um die menschliche gesellschafft vorzüglich verdient gemacht haben. Ihr gerechtes lob dem zeügniße der fremden oder der nachkommenschafft allein überlaßen zu wollen, müßte uns, in dem gegenwärtigen zeitalter, einem gegründeten vorwurfe blosgeben.

Wir, insbesondere, Hghrn., wir haben, an unserem würdigen Präsidenten, einen unermüdeten gönner, einen klugen wegweiser, selbst einen willigen mitarbeiter verloren. Viele unter uns verlieren, an dem Hrn. Haller, einen schäzbaren freünd, deßen umgang so gefällig als unterrichtend war. Wir haben an ihm einen mitbürger verloren, der sein vaterland aufrichtig liebte; der andere ehren dem dienste deßelben willig hintan sezte; deßen liebster wunsch es war, demselben noch größte dienste leisten zu können, und deßen ruhm ein verdienst für das vaterland bleiben wird. Die welt verliert, an diesem großen gelehrten, einen Mann, deßen ausgebreitete kentniße und einsichten, in so manigfaltigen theilen der nüzlichsten gelehrtheit,

wenige, sehr wenige, in jahrhunderten errei=
chen werden.

Dieses so seltene lob ist unserm Haller
allbereit von den berühmtesten gesellschaften der
gelehrten in Europa zugetheilt. Sein ganzes
leben ist ein fortgesezter beweis seines gegründeten
anspruches auf daßelbe. Von diesem, ganz dem
unermüdeten nachforschen der wahrheit gewied=
meten leben, so reich an früchten des fleißes,
eines angestrengten nachdenkens, großer und
geübter seelenkräfte, und des erhabenen gefüh=
les eines schönen geistes, ist ein bloßer umriß
alles, was ich meinen zuhörern versprechen kan.

* * *

Albert Haller erblikte das licht, in dieser
hauptstadt, den 16ten October 1708. Seine
Mutter war eine gebohrne Engel. Er stammte
also aus zweyen der regierung fähigen geschlech=
tern, und zählte, auch unter seinen Voreltern,
von beyden seiten, verschiedene Männer, die
ehrenstellen, sowohl in dem großen, als in dem

engern Rathe der Rep. bekleidet haben. Sein Vater, Emanuel Haller, hatte sich der öffentlichen verfechtung der rechtssachen gewiedmet, und hierauf die stelle eines Kanzlers der Landvogtey Baden erhalten. Hier ließ derselbe unserm Albert, dem jüngsten von vier Söhnen, die ersten anfänge des unterrichtes durch einen hausinformatorn beybringen.

Billig läßt sichs erwarten, daß ein Mann, der, wie unser Haller, eine so glänzende laufbahn erfüllet hat, dieselbe auch mit muthigen Schritten angetretten habe. Sobald er lesen und schreiben konnte, waren diese hülfsmittel des unterrichtes seine liebsten zeitvertreibe. Er durchlas alle bücher die er aufbringen konnte, selbst einen Baile und Moreri, zu der zeit da sich die aufwachende neugier an fabeln zu ersättigen pfleget. Schon damals versuchte Er jedes muster nachzuahmen, und sammelte, mit gröstem fleiße, alles was in die gelehrtengeschichte einschlagen konnte.

Sein Informator war ein sprachgelehrter,

zugleich aber ein sonderling. Die lehrart war
troken und auch für die damalige zeit strenge.
Dieser umstand diente indeßen, den fleiß des
jungen Hallers zu verdopeln. Wörter,
erklärungen, thatsachen aufzeichnen und dem
gedächtniße einprägen, die regeln der sprachfü=
gung, der Rechenkunst, andrer studien, mit
eigenem verstande sammeln und verbinden, das
waren selbstgewählte bemühungen, um Sich
den fortgang in den wissenschaften zu erleichtern.
Im neunten jahre war unser Haller fähig,
aus dem griechischen zu übersezen, und hatte die
anfänge der hebräischen sprache erlernt. Sein
Vater mißbilligte öffters eine so unbegränzte
wissensbegierde, die ihn eine desto seichtere ge=
lehrtheit besorgen ließ; in einem gemeinen falle
würde diese erwartung nicht unbegründet gewe=
sen seyn.

Von dem dreyzehnten jahre an, da der tod
dieses geliebten Vaters den jungen Haller
nach seiner geburtsstatt zurück brachte, gab Er
in den öffentlichen schulen verschiedene beweise
großer fähigkeiten und frühzeitiger kentniße. Er

verdiente die ausnahme seine klaßischen proben unter dem bestimmten alter ablegen zu können, und lieferte in griechischer sprache das thema, so in lateinischer gefordert wird.

Nachdem er also achtzehn monate, unter dem geräusche der schulen und dem zwang einer langsamen handleitung, zugebracht, erhielt Er die erlaubniß, einen jungen freund, den der gleiche trieb zu den wissenschaften beseelte, nach Biel zu begleiten, um Sich von dem vater dieses freundes, einem gelehrten arzte, in der philosophie anführen zu laßen. Der neue lehrer trieb die hochachtung für den Cartesius biß zum vorurtheile; daher auch unser Haller, für seinen nach überzeugung strebenden verstand, aus diesem unterrichte den gesuchten nuzen nicht erzielte.

Er hatte aber die fähigkeit erreicht, mit eigenem fleiße die wissenschaft aus den büchern, diesem allgemeinen vorrathe menschlicher kentniße zu schöpfen. Er befand sich in dem zeitpunkte des lebens, da jede neigung etwas von
dem

dem gepräge einer leidenschafft anzunehmen.
Die überaus glückliche anlage seines geistes
zeigte ihm, in einer eingezogenen, ganz der
lernbegierde gewiedmeten lebensart, solche reize,
daß sein hang zu den studien, selbst durch die
öfftern unpäßlichkeiten, die großentheils folgen
seines angestrengten fleißes waren, vielmehr
genähret als vermindert ward.

Die aufmunterungen seines Hausherren trugen
vieles bey, unsern jungen gelehrten zu der
wahl der arzneywißenschaft zu entscheiden. Er
gieng, mit genehmigung seiner nächsten verwandten, gegen das ende von 1723, also
kaum mit antritt des sechszehnten jahres nach
Tübingen, wo Er, unter der anleitung der
Camerarius und des Düvernoy, seine studien
mit ununterbrochenem eifer fortsezte, und, mit
besonderem beyfalle öffentliche proben ablegte.

Der ausgebreitete ruhm des großen Boerhave
erwekte bey ihm das verlangen, sich nach
Leyden zu begeben, wo Er im Maymonate 1725
eintraf. Hier fand Er alles, was die wünsche

seines geistes erfüllen, und die begierde nach
wißenschafft befriedigen konnte. Boerhave, der
seine ganzen tage, theils seinen schülern,
theils den berathungen der kranken aufopferte,
genoß, bey dem ausgedehntesten ruhme, aller
der persönlichen achtung, die großen gaben und
seltenen verdiensten gebühret. Ein wohl unter-
haltener botanischer garten, ein ordentlich
bedientes anatomisches theater, reiche sammlungen von naturalien, der vollständigste bücher-
vorrath, jedes hülfsmittel, jeder vorschub zur
wißenschaft, war in Leyden vorhanden. Der
junge Albinus zeigte schon außerordentliche
kentniße in der anatomie; und in Amsterdam
lebte noch der berühmte Ruisch, der erfinder
der injectionen, und arbeitete noch in dem
neunzigsten jahre seines alters.

Doch alle diese vortheile wurden dem Hrn.
Haller durch die schwächung seiner gesundheit
verbittert. Zu einicher erholung machte Er sich
die gelegenheit zu nuze, zween freunde aus
Bern durch die Provinzen von Nieder Deutschland
zu begleiten. Diese reise gab ihm anläße, viele

nüzliche bemerkungen zu machen, und sich an einichen höfen vorstellen zu laßen, denen sein schikfal ihn nachwärts genähert hat.

Nach seiner rükkehr in Leyden erhielt Er die doktor würde, in seinem achtzehnten jahre. Die von ihm, bey dieser gelegenheit, verfaßte abhantlung, zeigte seine geschiklichkeit zu neuen entdekungen und einsichten in der anatomie. Er tratt, in dem folgenden 1727ten jahre, seine fernern reisen an, und machte mit England den anfang.

In London stiftete Er eine genaue bekandschafft mit dem Ritter Sloane, dessen sammlung von naturalien schon damals für eine der beträchtlichsten gehalten ward; mit denen Hrn. Plumtree und Cheselden, Direktoren des grossen spitals von St. Thomas, und mit Hrn. Douglaß, welcher, mit besonderem ruhme, die anatomie durch öffentliche zergliederungen erklärte.

Nach einem kurzen besuche der hohen Schule zu Oxfort, sezte Hr. Haller nach Frankreich über. Während einem aufenthalte von sechs monaten in Paris, war er ein fleißiger zuhörer des in der anatomie so berühmten Winslow. Er wohnte auch den verrichtungen des Le Dran, eines sehr geschikten Wundarztes in dem spital der Charite bey.

Eine so kurze zeit, war, für den geübten geist unsers **Hallers**, hinreichend, wichtige schäze nüzlicher beobachtungen zu sammeln. Er wünschte noch Italien zu sehn; ein land, das, sowohl seiner wissensbegierde als seinem dichtrischen gefühle, die reizendste aussicht versprach. Allein, neue zufälle einer geschwächten gesundheit nöthigten Ihn nach dem rathe seiner freunde, die vaterländische lufft wieder zu suchen.

Im Hornung 1728 verfügte sich Hr. H. nach Basel, in dem vorsaze, unter Joh. Bernoulli, der für den grösten gelehrten seiner zeit in der höhern Mathesis gehalten war, die kräfte seines geistes in der geometrie und algebra zu versuchen. Es finden sich in seinen handschrifften proben des glüklichen fleißes, den Er auch auf diese wißenschafft damals verwendet hat.

Hier gewann Er zween würdige landsmänner zu freunden; den Hrn. Stähelin, nachmalligen Profeßorn zu Basel, und den so liebenswürdigen als gelehrten Hrn. Geßner, noch izt lebenden Prof. und Chorhern zu Zürich. Das andenken dieser unveränderten freundschafft wird sich, mit seinen gedichten, bey der nachwelt erhalten. In der gesellschafft des leztern unternahm er die erste reise nach den Alpen, und legte also den ersten grund zu dem großen botanischen werke, welches lange jahre nachher im druk erschienen ist.

Den aufmunterungen dieser freunde haben wir auch die ersten reifen früchte der hallerschen Muse zu verdanken. Das gedicht von den Alpen ward durch die lebhafften eindrüke veranlaßet, die der anblik so vieler erstaunlicher auftritte der natur auf unsern Haller gemacht hatten; diese gefühle, diese schilderungen, mit starker hand gezeichnet, machen daßelbe zu einem meisterstüke der deutschen poesie. Die zwey philosophischen schreiben an den Hrn. Stähelin waren nicht minder, als proben kernhaffter gedankenreicher gedichte, eine neue erscheinung für Deutschland, und haben unsern Haller den philosophischen dichtern Englandes an die seite gesezt.

Das zwanzigste jahr seines alters ist also der zeitpunkt, da Er die ersten blumen eines unverwelklichen kranzes bereitet, und die kräfte des eigenen genie bewiesen hat. Niemals aber ließ Er sich durch die reize der poesie von den ernsthafften studien ableiten. Große und schöne gedanken in verse zu kleiden, war für ihn höchstens ein mittel, auf einsamen spaziergängen, in schlaflosen stunden, oder in der gezwungenen ruhezeit der erholung von krankheiten, die thätigkeit seines geistes zu befriedigen.

* * *

Nach einer abwesenheit von etwas mehr als fünf jahren, kehrte Hr. Haller nunmehr, in dem 21ten seines alters, als ein mann und ein gelehrter, in die vaterstatt zurük, die Er als jüngling und schüler verlaßen hatte. Mit dem vergnügen, welches das bewußtseyn großer und durch eigenen fleiß erhöhter gaben gewähren muß, hoffte Er nun auch das edle vergnügen zu verbinden, diese gaben dem dienste der menschlichen gesellschafft zu wiedmen. Er wählte sich den beruf der ausübenden arzneykunst, zu dem Er sich so sorgfältig vorbereitet hatte.

Die aufmerksame beobachtung der krankheiten, das nachdenken, die berathungen über so manigfaltige zufälle, erfordern einen großen aufwand der zeit. Allein, auch von denen stunden, die diesen pflichten nicht vorbehalten waren, ließ Hr. Haller keine ungenüzt verfließen. Fern von seinen lehrern, von wetteifernden freunden, von allen den hülfsmitteln und aufmunterungen, deren Er bißher gewohnt war, machte Er sein einsames zimmer, bey einem auserlesenen büchervorrathe, zu einer beständigen Akademie. Hier legte Er insonderheit den grund zu jener, über die manigfaltige litteratur aller erleuchteten zeiten und völker ausgedehnten belesenheit, die Er sein ganzes leben hindurch, unter so verschiedenen umständen und geschäfften, immerfort ausgebreitet hat, und mit diesen schäzen von kentnißen hat Er nicht blos das glüklichste gedächtnis bereichert, sondern Er befliß sich, von jugend an, dieselben nach einem richtigen geschmake zu prüfen, und mit einem geübten verstande in ordnung zu bringen. Der vielfältige nuzen den unser Haller, nachwärts, aus dieser großen belesenheit schöpffte, hat die unersättliche begierde nach unterricht, in seinen jüngern jahren, gerechtfertiget.

So außerordentliche, so frühe verdienste, mußten billig geachtet und geschäzet werden. Hr. Haller erwarb sich gönner und freunde, deren gewogenheit auf sein nachgehndes schiksal in dem vaterlande wesentlich gewirket hat. Er ward, gleich den ältern ärzten, zur besorgung des krankenspitales zugezogen. Er erhielt den obrigkeitlichen vorschub, öffentliche zergliederungen anzustellen. Die anläße, seinen beobachtungsgeist zu üben und die natur zu rath zu ziehn, waren ihm jederzeit die angenehmsten. Man übergab ihm auch die besorgung dieser bibliothek; wobey er gelegenheit fand, seine kentniß von büchern, alterthümern und münzen, an den tag zu legen.

Ungeacht ein sehr kurzes gesicht die kräuterlese für denselben mühsamer machte, so war sie doch immer seine liebste ergözung. Während den sommermonaten von 1730 biß 1736 that Er wiederholte botanische reisen, in die merkwürdigsten gebirge des Jurassus und der Alpen, biß an die unwegsamsten klüffte der Eißberge, niemals ohne beschwerde, öfters mit augenscheinlicher gefahr. Er durchsuchte die moorgründe, auch die mildern gegenden unsrer weinberge, und hatte das vergnügen, in dem bezirke seines vaterlandes, die ausgedehnteste sammlung von pflanzen, von den norwegischen sowohl, als von denen, die Italien eigen scheinen, zusamenzutragen.

Seine, um diese zeit, unter der bescheidenen aufschrifft, eines versuches schweizerischer gedichte, zum ersten male gedrukte poetische werke, haben nicht wenig zu der frühen ausbreitung seines ruhmes beygetragen. Das ist immer das kennzeichen klaßischer gedichte, wann in denselben, wichtige gedanken, starke empfindungen, in der wahren sprache des gefühles so ausgedrükt werden, daß die leser solche vorzüglich ihrem gedächtniße einpflanzen; und dieses gepräge des innern werthes hat unser Haller unstreitig seinen gedichten aufgedrükt.

Er hatte auch bereits, durch verschiedene anatomische und botanische beobachtungen und schriften, seine talente und kentniße der gelehrten welt angekündet. Die königlich Schwedische Akademie der wißenschafften in Upsal hatte ihn zum mitgliede angenommen. Die ruhmlichen zeugniße seiner ehmaligen lehrer, die allgemeine achtung seiner gelehrten freunde, hatten seine verdienste bekannt gemacht. Wie Georg II., König von Gr. Britt. in seinen hannöverschen landen eine hohe Schule stiftete, welche, durch die sorgfältigste auswahl der ersten lehrer, eine nebenbuhlerin der berühmtesten ältern universtäten werden sollte; so erhielt Hr. Haller zu anfang des jahres 1736 denjenigen beruf, der uns denselben auf einem seiner grossen wißenschafftangemeßenen schauplaze zeigen wird.

Die damaligen umstände des Hrn. Haller machten anfänglich seinen entschluß ungewiß. Er hatte sich, fünf jahre zuvor, mit einem jungen Frauenzimmer aus einem patricischen geschlechte vermählet, die durch ihre persöhnliche vorzüge sein herz ganz zu besizen verdiente, und deren gefälligkeit für seine lebens und denkungsart seine grösse glükseligkeit ausmachte. Er war ein vater dreyer kinder. Solche bande stärkten nothwendig die begierde sich dem dienste des vaterlandes zu wiedmen. Allein der beruf der praktischen medicin war der neigung unsers Hallers zu stillen und theoretischen studien hinderlich, und die damit verbundenen verdrießlichkeiten waren seiner natürlichen empfindlichkeit noch beschwerlicher. Nach langer erwägung der gegengründe beschloß Er endlich, die ihm zu Göttingen angebottene stelle eines Profeßoren der Medicin, Anatomie und Botanik, anzunehmen.

* * *

Nach einer langsamen, bey schwacher gesundheit, mit jungen kindern, in ein fernes land unternommenen reise, mußte Er, kurz nach seiner ankunfft an dem orte seiner neüen bestimmung, eine der härtesten prüfungen erfahren. von den folgen eines, gleich bey der einfahrt in Göttingen geschehenen falles, starb nach einem monate, seine geliebte Mariane.

In einer so drükenden lage des gemüthes mußte Hr. Haller seine neue laufbahn betretten, ohne den trost von verwandten und freunden zu genießen. Bey noch muntern kräften des lebens ist die beschäftigung des geistes das schiklichste mittel die eindrüke eines vorschwebenden leydes zu schwächen. Dieses bestreben ward dem Hrn. Haller durch solche umstände erleichtert, die zum kräfftigsten auf eine edle seele wirken. Mit jedem anlaße, seine außerordentlichen fähigkeiten an den tag zu legen, vermehrte sich die achtung der übrigen Lehrer gegen ihn. Zu seiner größern aufmunterung ließ die regierung einen seiner gelehrten freunde, den Hrn. Huber von Basel, nach Göttingen beruffen.

Von den siebenzehn jahren, die Hr. Haller

zu Göttingen zugebracht hat, als dem zeitpunkte seines thätigsten lebens, bin ich kaum fähig, einen begrif zu geben, welcher der wichtigkeit seiner arbeiten und dem ruhme der sie bekrönte angemeßen wäre.

Schon der bloße beruf eine wissenschafft, auf einer hohen Schule, bey einem so zahlreichen zufluße von schülern, in ihrem vollständigen umfange zu lehren, muß den ganzen fleiß eines mannes erschöpfen und ihm alle die zeit rauben, deren aufopferung die gesellschaft mit einicher billigkeit fordern kan. Die wissenschaft des Arztes hat unser nächstes anliegen, gesundheit und leben, zum gegenstande; wobey kein zweifel gleichgültig, jeder irthum gefährlich ist. Sie stüzet sich auf die umständlichste kentniß unsers körpers, deßen organisation, auch in den verhältnißen und verbindungen der kleinsten theile, so wunderbar, so weißlich angeordnet ist; die zufälle, welche diese zarte harmonie stören können, sind unzählbar; die mittel, selbige herzustellen, so manigfaltig, als ihr vorsichtiger gebrauch wichtig ist. Die Arzneykunst erfordert viele andre kentniße, von denen jede ein weites feld eröffnet, und in denen ein lehrer der Medicin nicht unbewandert seyn darf. Täglich werden neue entdekungen gemacht, die er kennen, prüfen und lehren soll. Neben den allgemeinen vorlesungen, soll er, durch besondern unterricht, die tüchtigsten schüler ausbilden, in ihren studien befestigen. Welchen unermüdeten fleiß, wie viele zeit, muß nicht die erfüllung solcher pflichten erfordern?

Die Regierung machte sich die geschiklichkeit unsers Hallers, und dieser das zutrauen der Regierung zu nuze, viele wichtige, bey der Universität noch manglende anstalten, zu befördern; allein, jede gewogenheit dieser art mußte zu einem anlaße neuer bemühungen werden.

Nach seinem wunsche wird ein eigener ort zu anatomischen übungen eingerichtet, mit allem vorschube, der von einer obrigkeit abhänget. Unter seiner aufsicht wird der medicinische garten angelegt, und, zur bequemlichkeit der fernern aufsicht, zunächst an demselben eine eigene wohnung für den Hrn. Haller angebauet. Eine schule, junge mahler zu anatomischen und botanischen zeichnungen anzuführen; eine sammlung von sogenannten präparatis, oder durch verschiedene zurüstungen aufbehaltenen theilen von menschen und thieren; die einrichtung einer gesellschafft von Wundärzten, einer schule für Wehmütter — alle diese anstalten waren früchte des eifers unsers Hallers, sein lehramt mit möglichsten nuzen zu erfüllen.

Auch die stiftung einer reformierten kirche zu Göttingen, deren ausführung ihm gröstentheils übertragen ward, muß, als eine gefälligkeit für lehrer und schüler die dieser Kirche zugethan sind, unter die nüzlichen anstalten gezählt werden, die jene hohe Schule dem Hrn. Haller zu verdanken hat.

Er hatte ebenfalls den vornehmsten antheil an der ersten anlage und einrichtung der königlichen Gesellschafft der wissenschaften; einer auserlesenen versammlung von Gelehrten, die sich vorzüglich bemühen, neue wahrheiten zu entdeken: und die wissenschafften immer mehr zu vervollkomnen.

Von allen arbeiten eines Gelehrten sind, indeßen, seine schrifften, diejenigen, die den ausgedehntesten nuzen verschaffen können; gleichwie dieselben den gewißesten beweis seiner kentniße und eigenen einsichten enthalten, so müßen sie auch zu deßelben nachruhm den vornehmsten grund legen. Ich übergehe die sehr zahlreichen kleinern schrifften des Hrn. Haller, die in seine anatomische, botanische, und pathologische sammlungen, eingetragen worden, so wichtig immer der inhalt derselben, für den unterricht der studierenden und für die ehre des verfaßers, seyn mag.

Sein erstes werk, das seinen gelehrten ruhm in ganz Europa entschieden hat, sind die auslegungen über die akademischen vorlesungen des berühmten Boerhave; in denen die lehre dieses, seines großen meisters, erläutert, ergänzet, und in vielen stüken, nach einer genauern beobachtung der natur, verbeßert wird. Als einer vollständigen anleitung für junge Aerzte, bey denen das ansehen eines Boerhave auch seine

vorurtheile

vorurtheile fortpflanzen konnte, und als einem schaze durch ungemeine belesenheit gesammelter kentniße, ist diesem werke, durch so viele übersezungen und wiederholte auflagen, das untrüglichste siegel eines klaßischen buches aufgedrückt. Auch die sammlung der besinden oder consultationen des Boerhave und seine anleitung zu den studien eines arztes, hat nachwärts Hr. Haller durch so ausführliche als gründliche bemerkungen brauchbarer gemacht.

In der zwischenzeit kam die zierliche sammlung der schweizerischen pflanzen an das licht; sie liefert jedoch nur einen auszug der in zwanzig folianten zusamen getragenen kräuter und botanichen beschreibungen.

Auf diese folgten die anatomischen tabellen, in denen, nebst andern innern theilen des menschlichen körpers, doch vornehmlich die lage und verbindung der schlagadern beleuchtet wird.

Unter dem bescheidenen titel eines umrißes der Phisiologie, erschien die beschreibung des innern baues des menschen, in dem zustande der vollkommenen wirksamkeit des lebens. Diese hat Hr. Haller nachwärts ausführlicher bearbeitet und zu einem seiner schäzbarsten werke gemacht.

Der ruhm eines Gelehrten ist, im grunde, sein eigenes werk. Doch gereichen die ehrenbezeugungen, die ihm in seinem leben zugetheilt werden, nicht minder zur ehre seiner zeitgenossen.

An dem würdigen hanöverschen Staatsminister, dem Freyherrn von Münchhausen, fand Hr. Haller gleich anfangs einen wahren Freund, der an seinen schiksalen theil nahm, und öfters seinen wünschen zuvor kam. Ihre gegenseitige hochachtung gründete sich auf eine übereinstimmende liebe zu den wissenschaften, und zeigte sich vorzüglich in der gemeinschaftlichen bemühung zur aufnahme der Universität.

Dieses ausgezeichnete wohlwollen des Ministers bahnte dem Hrn. Haller den weg zu der besondern gnade des Königs, wovon die öfftern vermehrungen seines gehaltes und die gefälligkeiten, um seinen Aufenthalte bequemer, die ausübung seines lehramtes angenehmer zu machen, die ersten früchte gewesen sind. Kurz nach seiner ankunfft in Göttingen war Hr. Haller mit dem titel eines königlichen leibarztes und eines churfürstlichen Hofrathes beehrt worden. Als Georg der IIte in 1748. Göttingen besuchte, erhielt Hr. Haller aus dem eigenen munde Seiner Majestät, die gütigsten versicherungen Dero wohlgefallens. Das folgende jahr beschenkte ihn der König mit einem, von dem kaiserlichen hofe ausgewirkten, adelsbriefe; zum zeugniße, daß, zu unsern zeiten, die Fürsten große verdienste um die wissenschafften aller der ehren würdig schäzen, die ehen glanz auf die abkömmlinge verbreiten können.

Nach dem auftrage der Regierung von Hannover hatte Hr. Haller den entwurf der geseze und der einrichtung einer akademie der wissenschafften abgefaßet. Nachdem solcher von dem Könige gut geheißen worden, übertrugen

Se. Maj. dem Hrn. Haller den beständigen vorsiz in dieser auserlesenen gesellschaft von Gelehrten; eine ehre, welche nur vorzüglichen verdiensten gebührte.

Der glänzende name eines schönen Geistes hänget öfters von dem herrschenden geschmake einer nation oder eines zeitalters ab; der ruhm eines Gelehrten, im gegentheil, kann allein durch den ausspruch der kenner und meister bestimmt werden. Wenige Gelehrte haben sich so vieler zeugnisse dieser art zu erfreuen gehabt, wie unser Haller, und die bey der nachwelt von größerm gewichte seyn könnten.

Nach dem wunsche, den der berühmte Dillenius auf seinem sterbbette geäußert hatte, war Hr. Haller an desselben stelle, nach Oxfort beruffen worden. Eine ähnliche einladung hatte Er nach Utrecht erhalten, nachdem der jüngere Albinus zu der versammlung der Staaten befördert worden. Auf befehl des Königs in Preußen war auch der antrag an Ihn geschehn, selbst die bedinge vorzuschlagen, unter welchen er sich entschließen könnte nach Berlin zu gehn. Obwohlen Hr. Haller alle diese anerbietungen von sich abgelehnt hat, so bleiben sie doch beweise der allgemeinen achtung die Er sich erworben hatte; und deren zufolge, schon damals, verschiedene gelehrte Gesellschaften sich beeiferten, denselben unter die zahl ihrer mitglieder aufzunehmen.

Doch alle diese ehrenbezeugungen, so angenehm sie immer dem Hrn. Haller, als früchte seiner verdienste um die wissenschaften scheinen mußten, überwog diejenige ehre die ihm, in 1745, in seinem vaterlande wiederfuhr, da Er durch einmüthigen beyfall der gesezlichen Hohen Wahlversammlung, zu einem mitgliede des großen Rathes ernennet ward. Er hatte einen besondern gönner an dem gnädigen Hrn. Isaak Steiger; einem Herren, der mit eigenem verdienste, durch alle die ansehnlichsten ämter des Staates, auf die höchste stuffe derselben gestiegen war.

Diese beförderung hatte bey dem Hrn.

Haller jenen ersten wunsch wieder belebet, in dem umgange seiner frühern freunde die lezte helffte seines lebens freyer zu genießen, und dem Staate, zu dessen glüklichem bürger ihn die vorsehung gemacht hatte, einiche dienste zu leisten. Verschiedene zufällige begebenheiten und umstände mögen diese Neigung noch mehr befestiget haben.

In dem dritten jahre nach dem hinscheide seiner geliebten Marianne, hatte Hr. Haller, durch die wahl einer zweiten Gemahlin, diesen schmerzhaften verlust zu ersezen gehoffet; allein auch diese hatte Er das unglük gehabt, in dem ersten wochenbette, und, nach wenigen monaten, das einzige pfand ihrer liebe zu verlieren. So schien das schiksal Göttingen den mitbürgerinnen des Hrn. Haller zur grabstätte bestimmt zu haben. Endlich hatte er sich in Deutschland mit der würdigen Gemahlin verbunden, die ihn, biß an das ende seiner tage, mit zärtlichster freundschafft besorget und zum glüklichen vater einer zahlreichen familie gemacht hat. Die vortheile, die diese kinder, zu ihrem künf-

tigen glüke, von der erziehung in dem vaterlande
zu erwarten hatten, waren so viele beweggrün-
de für den Hrn. Haller, seine neue ehren-
stelle in der regierung anzutretten.

Während siebenzehn jahren hatte Er den gröſsten theil seiner tage, mit vorgeschriebenen arbeiten, unter der einförmigkeit von geschäften, zugebracht, die endlich jeden beruf, auch dem
wirksamsten geiste unangenehmer machen. Wir
empfinden, in solchem falle, auch stärker jede ver-
drießlichkeit, davon kein stand des lebens frey-
gesprochen ist. Selbst die neigung zu der wissenschaft überhaupt vermehrte bey dem Hrn.
Haller das verlangen, einen freyern gebrauch seiner zeit zu gewinnen.

Endlich gaben auch seine gesundheitsumstän-
de dem wunsche, in das vaterland zurük zu keh-
ren, ein größeres gewicht. Schon in früher jugend hatte Er sich, durch die anstrengung zu
den studien, hizige krankheiten zugezogen; die
feuchte gegend um Göttingen vermehrte diese
zufälle, so daß auch sein leben öftern gefahren

ausgesezt worden. Die gespannten nerven wurden immer empfindlicher; eine lähmung der hand machte das schreiben beschwerlicher; Er besorgte die verminderung des muthes zur arbeit, die für einen geschäftigen Geist den angenehmsten genuß des lebens ausmachet. Bey der lebensart, die den Universitäten eigen ist, mußte Er auch die wahl einer aufgeweckten gesellschaft vermißen, die zur erholung des geistes nöthig ist.

Mit einwilligung der hannöverschen Regierung that also Hr. Haller, im merzmonate 1753, diejenige reise nach der Schweiz, die sein schicksal für die übrige zeit seines lebens entschieden hat. Er erhielt, durch das loos, durch welches dergleichen ämter in hiesigem Staate vergeben werden, eine vorbedienung, mit welcher besondere vortheile für seine kinder verbunden waren.

* * *

Das ist der kurze begriff, von den wichtigen geschäften und den persönlichen umständen unfers sel. Hrn. Präsidenten, während seinem aufenthalte zu Göttingen. Nun soll ich Sie, Hghrn. an dasjenige erinnern, was dieser verehrungswürdige Mann, in den vier und zwanzig lezten jahren seiner ruhmvollen laufbahn, als ein mitglied der Regierung, als ein eifriger beförderer nüzlicher anstalten, und als ein großer Gelehrter, mitten unter uns geleistet hat.

Obwohlen die größte wißenschaft weder die gaben, noch die geschiklichkeit zu bekleidung öffentlicher ämter, mitzutheilen vermag; so kan doch jede nüzliche kentnis auf die entschlüße eines republicanischen Rathes, vor welchem alle anliegen des gemeinen wesens behandelt werden, einen wichtigen einfluß haben. Insonderheit aber hat die übung eines Gelehrten im nachdenken, die fertigkeit seine begriffe mit grundsäzen zu verbinden und deutlich vorzutragen, bey öffentlichen berathungen einen so wesentlichen nuzen, daß sie denjenigen, der diese vortheile besizet, auch zu dem berufe eines Magistraten fähiger machen.

Nach ausbedienung der Ammanstelle hat Hr. Haller, die gewöhnlichen sechs jahre, das amt einer oberdirektorn der salzwerke zu Roche, und beynahe zwey jahre lang, zugleich die Statthalterschaft in der ansehnlichen Landvogtey Aehlen bekleidet. In der zwischenzeit dieser bedienungen und nach verlauf der leztern, ist derselbe zu verschiedenen Staatskomißionen und wichtigen tribunalien beruffen worden, und hat, gelegentlich, besondere aufträge von der Hohen Regierung erhalten. Dergleichen bemühungen werden billig demjenigen zu einem größern verdienste angerechnet, der seine freyen stunden auf wichtige arbeiten von einem ausgedehnten nuzen zu verwenden weiß.

Niemals hat Hr. Haller eine aufforderung abgelehnt, zu irgend einer nüzlichen verfügung behülflich zu seyn. In allen denen ansehnlichen Dicasterien, wo er den beysiz genoßen hat, in den Direktionen über das Salzwesen, in dem akademischen Rathe, in dem Sanitätsrathe, in andern Staatskomißionen, hat er, mit besonderem fleiße, auch öffters durch eigene arbeiten und auffäze, die geschäfte zu befördern getrachtet. So oft in den höchsten Rathes-Versammlungen wichtige vorschläge oder wesentliche anliegenheiten des Staates sollten entschieden werden, unterstüzte Er seine schlüße mit der anständigen freyheit, mit einer eigenen, einnehmenden beredsamkeit, die sowohl von seinen einsichten als von seinen empfindungen zeügete.

Ohne hier von den bemühungen des Hrn. Hallers um die regierungsgeschäfte ausführlicher zu reden, soll ich doch ein besonderes beyspiel seines patriotischen eifers nicht unberührt laßen. Es fehlte, in unsrer vaterstatt, zwar nicht an mildthätiger vorsorge für waisen oder kinder mittelloser eltern; allein diese hülfsmittel waren der wichtigen absicht der moralischen bildung keineswegs angemessen. Hr. Haller betrieb die stiftung eines ordentlichen Waisenhauses mit dem grösten eifer, und beschäftigte sich, insbesonders, mit der ersten einrichtung deßelben. Es ist also diese so nüzliche anstalt, deren fernern glüklichen fortgang wir wünschen sollen und hoffen können, ein rühmliches denkmal seines bestrebens, seinen mitbürgern solche dienste zu leisten, deren wirkung sich auch auf die nachkommen erstreken könnte.

Gemeiniglich werden Gelehrte, durch den beruf zu öffentlichen geschäften, dem dienste der Musen entzogen. Allein unser Haller wendete, immerfort, auf gelehrte arbeiten, den gröstentheil der stunden, die ihn seine pflichtsgeschäfte entübrigen ließen.

Da ihm durch die gnade des Königs das präsidium über die Gesellschaft der Wißenschaften vorbehalten worden, so erfüllte Er, obwohl abwesend, doch immer aufs sorgfältigste, die obliegenheiten, zu denen ihn diese Ehre verband. Er bereicherte die sammlungen, nicht allein dieser, sondern so vieler andrer gelehrten Gesellschaften, mit eigenen arbeiten.

In die göttingischen anzeigen, in so viele gelehrte tagbücher, hat Er unzählige auszüge von merkwürdigen schriften, mit dem zuverläßigen urtheile eines kenners geliefert; denn Er hatte in dem lesen eine fertigkeit, die beynahe die produkte der heut zu tage so sehr fruchtbaren litteratur erschöpfte, und seinem blike konnte kein neuer, wahrer oder irriger, saz oder gedanke entgehn. Auch diese arbeit muß, in so geschikten händen, als eine beyhülfe zum fortgange nüzlicher kentniße, geschäzet werden.

In seinen ungemein ausgedehnten briefwechseln war Er, bey der angewohnten kürze, jederzeit genau und fleißig.

Bey der ersten muße, nach seiner zurükkunft in die vaterstatt, stellte Er, über die entwikelung des thierischen keimes in den eyern, jene beobachtungen an, deren höchstmerkwürdiger erfolg diese erste verrichtung der natur in einem ganz neuen lichte darstellet.

Die beträchtlichste aber von den gelehrten arbeiten des Hrn. Hallers ist die ausführliche behandlung der Phisiologie; ein werk, das ungeacht der so lange vorher gesammelten beobachtungen und beyträge, ungemeinen fleiß und arbeitsamkeit erforderte. Die vollständige beschreibung des innern baues unsers körpers, nach der eigenen bestimmung und den verknüpften wirkungen aller seiner theile und phisischen kräfte, machen dieses werk überaus wichtig; es müßte aber noch unterrichtender geworden seyn, wenn der tiefsinnige Verfasser, wie es seine absicht war, die bildung des leibes, als eines werkzeuges der wirksamkeit der seele zu betrachten, den einfluß des willens und der leidenschaften auf einzele theile des menschlichen körpers zu erklären, und also die psychologie mit der phisiologie zu vereinbaren, längere kräffte und leben genoßen hätte.

Den namen eines großen Gelehrten zu verdienen, mag es genug seyn, in irgend einer wißenschaft sich alles bekannt gemacht zu haben, was die vorgänger in derselben gesammelt und bearbeitet haben. Seltener erscheinen die männer, die, wie ein Baco, ein Leibniz, ein

Haller, von dem fortgange mehrerer wißenschaften biß auf ihre zeiten, eine gründliche kentnis besizen, und derselben verbindungen, vollständig und mit philosophischer einsicht umfaßen.

Ein größers verdienst um die wißenschaft ist es allerdings, das feld derselben durch eigene erfahrungen erweitert, von irthümern gereinigt, und also neue schäze von kentnißen eröffnet zu haben. Auch von diesem verdienste des Hrn. Hallers hätten wir sehr manigfaltige beweise anzuführen.

Der glänzende ruhm aber eines Genie wird nur denen scharfsichtigen geistern beygelegt, die, durch eigenes nachdenken, vorher unbemerkte wahrheiten voraus sehen, und deren ankündungen die erfahrung bestätiget.

So hat Hr. Haller, nicht allein in der Botanik, in der Anatomie, viele entdekungen gemacht, sondern Seinen nachfolgern neue außichten eröffnet, und sichrere leitfaden vorge=

legt. So hat Er über die wirkungen der natur, in der erzeugung lebender geschöpfe und über die irrungen ihrer wirksamkeit, die wir mißgestalten heißen, ein neues licht verbreitet.

So hat Er insonderheit in der organisation des menschlichen und thierischen körpers eine eigene kraft vermuthet, von welcher alle triebe des lebens abhangen, und die von der elastischen eigenschaft fester körper verschieden seyn muß. Dieses vermögen, das in der reizbarkeit des herzens, der muskeln, der eingeweyde, verschiedener kleinern theile, besteht, und mit der empfindsamkeit der nerven nichts gemein hat, stellte sich dem Hrn. Haller, unter unzähligen anatomischen versuchen, immer deutlicher und überzeugender dar. Die wirkungen deßelben zeigen sich in den oscillationen des ersten sichtbaren punktes in dem keime eines durch die bebrütung erwärmten eyes, und es muß für den ursprung des ersten triebes zum wachsthum und leben erkennt werden.

Diese

Diese, und andere für den entzwek der arzneykunst so höchstwichtige entdekungen, verdienen allerdings, als früchte eines gründlichen scharfsinnes und als ein wahres verdienst um das menschliche geschlecht, geschäzet zu werden. Es ist auch dieses ein lob, das unserm Haller, vorzüglich gebühret; daß Er niemals die Natur in der eiteln absicht befragte, derselben den beyfall einer vorgefaßten meinung abzuloken; daß Er nie in die versuchung gefallen, ihre geheimniße nur errathen, und ihre wirksamkeit den gesezen eines sistems unterwerfen zu wollen; und daß Er, in denen streitigkeiten, die seine entdekungen veranlaßeten, sich immer auf den ausspruch der erfahrung allein beruffen hat.

Die schranken der zeit erlauben mir nicht, von so vielen andern schrifften des Hrn. Hallers zu reden, die, wie sein Usong, Alfred, Fabius und Cato, in betrachtung, sowohl der verschiedenheit ihres inhaltes, als ihres eigenen werthes, eine besondere anzeige verdienten. Unermüdetes lesen und nachdenken, und die arbeit eigener aufsäze, diese liebsten vergnügungen seiner jugend, diese pflichtsgeschäfte seines reifern alters, sind auch der angenehmste genuß seiner leztern jahre geblieben; und alle seine arbeiten haben immer zum entzwekt gehabt, wichtige wahrheiten zu beleuchten, gemein zu machen, oder zu vertheidigen.

Diesem unermüdeten eifer, an jeder nüzlichen Bemühung theil zu nehmen, haben Wir Hghrn. insbesonders, den unverdrossenen vorschub, die standhaffte gewogenheit, den immerwillfährigen rath und die wegweisungen zu verdanken, die wir von unserm Verehrungswürdigen Präsidenten genoßen haben. Seinen vorschlägen sind wir beynahe jeden erfolg schuldig, und unter diesem namen dörfen wir uns rühmen einiches gute gestiftet zu haben. Bey den beschwerlichsten gesundheits-umständen blieb uns sein zutritt immer offen. In stunden der sichtbarsten abmattuug hat Er unsern unterredungen beygewohnt. Der ruhm seines namens ist unsre kräfftigste stüze gewesen und wird unsre vorzüglichste ehre bleiben. Billig tretten Wir auf, mitten unter dem zurufe der berühmtesten Gesellschaften von Europa, einen bescheidenen kranz, im namen unsrer mitbürger, auf das grab dieses verdienstvollen Mannes zu legen.

Wirklich hatte sich der ruhm des Hrn. Hallers mit jeder neuen probe seiner außerordentlichen wißenschaft, immer mehr ausgebreitet. Nach dem hinscheide des Hrn. Kanzlers von Moßheim ward ihm, auf befehl Sr. Großbritt. Maj. diese würde, zugleich mit seinen vorigen Bedienungen, angebotten. Nach wiederholten anträgen von seiten der hannöverschen Regierung, und in der verlegenheit, zwischen der pflicht einer dankbaren ergebenheit gegen den König und dem wunsche sein übriges leben vorzüglich dem vaterlande zu wiedmen, eröfnete Hr. Haller Seiner Hohen Obrigkeit diese anwerbungen. Er erhielt damals von unsern Gnädigen Herren, einen allgemeinen beruf zu dem dienste des Staates, mit einer lebenslänglichen besoldung.

Dieses zeichen einer huld, die Er allen vortheilen einer anderwärtigen bestimmung billig vorzog, diente ihm zu einer anständigen entschuldigung, sich die vorschläge der hannöverschen Regierung zu verbetten. Als endlich Se. Maj. für die entlaßung des Hrn. Hallers an den Hohen Stand unmittelbar zu schreiben geruhten, ward, nach des leztern wunsch, dieses begehren abgelehnt.

Eben so hat sich Hr. Haller gegen den Lord Marschal Keith entschuldiget, die im namen Sr. Preuß. Maj. ihm angebottene Kanzlerwürde der Universität zu Halle, an den plaz des verstorbenen Freyhrn. von Wolf, zu übernehmen; so hat Er auch den, durch den Graf von Orlow, ihm lezlich eröfneten beruf nach Petersburg, verdanket. Von Sr. iztregierenden Maj. in Schweden ist Er, zum beweise einer ausgezeichneten achtung, mit dem ordenszeichen des Polarsternes beschenket worden; eine gnade, welche die gütigsten ausdrüke des königlichen wohlwollens, in dem begleitschreiben des Grafen von Schäfer, noch schäzbarer machten.

Die berühmtesten Gesellschafften von Gelehrten bemühten sich, dem Hrn. Haller zeugnisse ihrer besondern achtung zu geben. Bekannter maßen sind, nach der verfaßung der königl. Akademie der Wißenschaften in Paris, mehr nicht denn acht ehrenpläze den berühmtesten ausländischen Gelehrten vorbehalten; einer dieser pläze ward, bereits in 1754. unserm Haller zugetheilt, und diese ernennung ward demselben durch den Graf von Argensou angekündet. Ohne diese, finde ich die zahl von dreyzehn gelehrten Gesellschaften, in verschiedenen ländern von Europa, die seit der rükkehr des Hrn. Hallers in die Schweiz, sich es zu einer zierde gerechnet haben, den namen deßelben auf das verzeichnis ihrer mitglieder zu tragen.

In der that ist der hohe begriff, von der gelehrtheit und den verdiensten unsers Hallers, überall, wo die wissenschaften geschäzet werden, so ausgebreitet, daß kaum einer seiner mitbürger, bey personen von hoher geburt oder an höfen, vorgestellt zu werden die gelegenheit fand, wo man sich nicht, mit ausdruken einer besondern Hochschäzung, nach dem Hrn. Haller erkundiget habe.

Sind wir nicht selbsten zeugen dieser allgemeinen achtung gewesen? Beynahe jeder ausländer von stand, auch regierende Fürsten, welche gelegenlich die Schweiz durchreisten, haben vorzüglich nach unserm Haller gefragt. Vor wenigen monaten würdigte ein Durchlauchtester Reisender, unter dem namen eines Reichsgrafen, denselben auf seinem krankenzimmer zu besuchen, und mit der huldreichsten vertraulichkeit sich mit ihme zu unterhalten.

Auch wußte Hr. Haller in dem gespräche jede materie auf eine einnehmende weise zu behandlen. Das ist ein lob, das ich vor gönnern und freunden, die seinen Umgang genoßen haben, nicht übergeben soll. Seine kentniße waren so manigfaltig, seine belesenheit so ausgedehnt, sein gedächtnis so fruchtbar und getreu, seine urtheile so richtig, daß sein gespräche, für jeden der sich in etwas nüzlichem zu unterrichten wünschte, überaus unterhaltend seyn mußte. Er war über die eitelkeit erhaben, durch wiz zu glänzen, oder seine Wissenschaft aufzudringen. Mit einem gefälligen vortrage und mit eigener kürze, wußte Er jeden gegenstand in das deutlichste licht zu sezen.

Andere persönliche eigenschaften des Hrn. Hallers trugen nicht weniger bey, seinen umgang noch verbindender zu machen. Er besaß eine empfindsame Seele, ein gefühlvolles Herz. Durch seinen ganzen lebenslauf hat Er sich in seinen sitten untadelhaft, in seinen schriften als einen eifrigen vertheidiger der tugend, bewiesen. Die drohenden folgen der unordnung in den privatständen, für das künftige schicksal des Staates, haben ihn öfters bekümmert.

Nicht weniger hatte Er, von jugend an, der religion eine vorzügliche aufmerksamkeit gewiedmet. Der große gedanke von Gott, als dem einigen grunde aller wesen -- von der Ewigkeit, diesem uralten quell, diesem unendlichen grabe der welten und zeiten, in deren vergleichung die dauer der welten wie tage, das leben der men-

ſchen wie augenblicke zu achten ſind —
von einem zukünfftigen leben, da, nach ſeinem
ausdrucke, Gottes ſonnenlicht die dämme-
rung menſchlicher weisheit zerſtreuen
und die wahre welt aufdecken wird —
alle dieſe groſſe gedanken hatten auf ſeinen ernſt-
haften geiſt einen frühen Eindruk gemacht.

Er, der alle andre wahrheiten ſo unermüdet
zu erforſchen geſucht, konnte die wichtigſte wiſ-
ſenſchaft, die religion ſeiner Väter und ſeines
volkes, nicht unergründet laſſen. Bey der überzeugung, welche die aufrichtige prüfung der
geoffenbahrten lehren bey ihm erwekte, bey
ſeinem warmen gefühle über jede anliegenheit
des menſchlichen geſchlechtes, konnte ſein redli-
ches herz, wegen der erhaltung dieſes grundge-
ſezes, dieſes ſtärkeſten bandes der bürgerlichen
geſellſchaft, nicht gleichgültig bleiben. Da andre berühmte Männer das anſehn ihres namens
zu boshaften angriffen der religion mißbrauch-
ten, glaubte Er ſeine talente der öffentlichen
vertheidigung derſelben ſchuldig zu ſeyn.

* * *

Nach einem ſo bemühten leben, hat Hr.

Haller, obwohlen unter sehr beschwerlichen, oft ängstigenden gesundheits-umständen, doch, von der güte der vorsehung, diejenigen vortheile genoßen, welche dieser lezte auftritt unsrer Laufbahn gewähren kan. Biß an das ende seines lebens hat sich die völlige gegenwart und stärke des geistes und der ungeschwächte gebrauch des reichsten gedächtnißes erhalten. Sein liebstes geschäft, die ausarbeitung seiner gelehrten werke, hat Er, bis an wenige tage vor seinem sel. hinscheide, fortsezen können. Während einer langen einschränkung in seiner wohnung und auf seinem krankenzimmer, ist Er von freunden, von verehrern seiner verdienste, besucht worden. Nachdem Er das glük seines hauses durch eigenen fleiß gebauet, setne zahlreiche familie mit segen und ruhm bekrönet, hat er auch die zärtlichste sorgfalt einer würdigen Gemahlin, die fleißigsten liebesdienste seiner kinder genoßen.

Ohngefehr vier jahre vor seinem ende, empfand Er die ersten anfälle einer schmerzhafften schwachheit, die Er für eine wirkung einer potagrischen materie hielt. Zwey jahre nachher mußte Er eine heftige brustkrankheit ausstehn, die sein leben in nahe gefahr sezte. Von der zeit an haben seine kräffte sich immer vermindert. Mit der sich angewöhnten aufmerksamkeit hat er jede abwechslung, jeden fortgang seiner krankheit, beobachtet. Seine lezten worte waren die ankündung seines todes. Mein freund, sagte Er zu dem arzte der ihn besuchte, ich sterbe; der puls stehet.

So ist Er gestorben! dieser Mann, dessen name, in allen künfftigen zeiten, eine zierde seines vaterlandes bleiben wird; an dessen ruhm die ganze nation der Schweizer einen nahen antheil nihmet, und dessen andenken, aus eben dieser betrachtung, eine der angesehensten Standespersonen eines benachbarten eidgenößischen Staates, gleichsam im namen seiner glaubens und bundesgenossen, ein zeugnis der hochachtung öffentlich abgelegt hat.

Unser Haller ist hin! Wir sehen noch sein bild; in seinen unsterblichen schrifften hören wir noch seine worte; — ihn aber hält, am ernsten orte der nichts zurüke läßt, die ewigkeit mit starken armen fest!

Betrachten wir nun, wie sehr die menschen

überhaupt, auch diejenigen, die, zu einem freyen gebrauche ihrer gaben, muße und vorschub genießen, aufforderungen und pflichten vor sich haben, die talente, die uns die vorsehung, zwar in ungleichem maaße, doch immer freygebig mittheilet, öfters vernachläßigen oder vergraben, oder auf elende beschäftigungen verschwenden: Sehen wir alsdenn auf einen seltenen Mann, einen Haller, der allein mehreres leistet, als hunderte erfüllen können; deßen beyspiel uns überzeuget, zu welchem gipfel von schönen kentnißen ein sterblicher, durch standhafften fleiß, gelangen, was er durch eifer, nachdenken und arbeit, zum besten des menschlichen geschlechtes bewerkstelligen kan; so ist es aus empfindung und schuldiger gerechtigkeit, daß wir ihm das lob eines ausgezeichneten verdienstes, das zeugnis unsrer bewundrung und eines dankbaren angedenkens, ertheilen.

Ich schließe mit einer sehr weisen betrachtung eines jungen, verehrungswürdigen Prinzen, der einiche jahre seiner erziehung unter uns zugebracht, und sein bedauren über den hinscheid des Hrn. Hallers, mit warmer empfindung, einem würdigen freunde des sel. verstorbenen überschrieben hat. Das anständigste lob verdienstvoller männer, das dauerhafteste denkmal, wird ihnen durch die nachahmung ihres lebens, durch die nachfolge ihres edlen gefühles gestiftet.

Möchte das große beyspiel, das ich dieser Hochansehnlichen Gesellschaft izt vorgelegt habe, bey irgend einem meiner jüngern zuhörer, einen ähnlichen trieb zu einer ausgebreiteten kentnis nüzlicher wahrheiten, erwecken, und die löbliche begierde nach diesem, gewiß unschuldigsten ruhme unter den menschen, nach dem ruhme einer so gründlichen, so ausgedehnten, so vorzüglich dem dienste des nächsten gewiedmeten wissenschaft, entzünden! Möchten unsre Nachkommen öffters den anlas haben, dem andenken so würdiger Männer, ihre verehrung, ihre dankbarkeit öffentlich zu bezeugen!

Zusäze.

Ein vortrag vor einer zahlreichen versammlung muß nothwendig in bestimmte gränzen eingeschränkt werden. Ich mußte, meinen zuhörern viele besondere umstände des lebens unsers Hallers verschweigen, oder nur flüchtig anzeigen, die vielen lesern deswegen angenehm seyn können, weil sie ihnen die arbeiten und verdienste des Hrn. Hallers näher bekannt machen.

Von der jugend des Hrn. Hallers.

Er war, als ein kind, von schwächlicher leibesbeschaffenheit. Dieser nachtheil, der andere von anstrengung des geistes abhält, wirkte bey ihm blos eine abneigung wider die lärmenden ergözungen der kindheit.

Seine so früh angefangene sammlung zur gelehrten geschichte hat Herr Haller bis an seine akademischen reisen fortgesezt, und auf einige tausend artikel von gelehrten gebracht; nachwärts aber, als eine unvollkommene arbeit, unterdrükt.

Sein Informator, Abraham Baillodz, war, seiner eigensinnigen meinungen wegen, von der Pfarre abgedankt worden. Von desselben erziehungsart läßt sich daraus urtheilen, daß Herr Haller einem freunde eingestanden, Er habe, lange jahre nachdem Er diesem Pedagogen entzogen worden, bey dem gelegentlichen anblike desselben, jedesmal eine erinnerung der ehmaligen furcht wieder empfunden. Die natürliche anlage des geistes zu den studien mußte bey dem Hrn. Haller ungemein entscheidend seyn, um weder durch den zwang einer so strengen anleitung, noch durch die zurükhaltenden einwürfe seines Vaters gegen eine freye wissensbegierde, abgeschrekt zu werden.

Der Vormund und die Verwandten des Herrn Hallers hatten ihn dem Predigamte bestimmt, als einem berufe, der seinen vorzüglichen gaben zum besten angemessen wäre.

Von den akademischen reisen des Herrn Hallers.

Herr Haller kam in seinem sechszehnten jahre nach Tübingen. Die in Deutschland eingeführte forderung akademischer zeugnisse, für jeden der sich einer öffentlichen bedienung wiedmet, ziehet nach den hohen Schulen eine menge junger leute, grossentheils von schlechter erziehung, die, in dem alter des blindesten muthwillens, beynahe keiner aufsicht unterworfen sind. Die ausschweifungen solcher jünglinge hatten, während dem aufenthalte unsers Hallers zu Tübingen, sogar tragische auftritte veranlasset, die den stillen neigungen desselben so anstössig fielen, daß Er seine abreise nach Leyden beschleunigte.

Die abhandlung, die Herr Haller, bey dem anlasse seiner beförderung zu der Doctorwürde, verfertigte, hatte eine vorgebliche entdekung eines Speichelganges von Coschwizen zum gegenstande; dessen irrige vermuthung Duvernoy, durch anatomische untersuchungen an thieren, und Herr Haller durch zergliederungen an menschlichen leichnamen, widerlegt haben. Diese frühe probe einer fleissigen beobachtung gereichte dem leztern zu desto größrer ehre, je wichtiger es ist, in der arzneykunst alle zweydeutigkeiten zu beleuchten.

Bey jedem aufenthalte wendete Herr Haller seine ganzen tage, öfters einen theil der nacht, auf seine studien, ohne sich durch jugendliche ergözungen zerstreuen zu lassen. Sein fleiß schien mit jedem fortgang in der wissenschaft sich zu vermehren. Die neugier war so stark, daß es ihm eben so schwer fiel, ein vorliegendes, vorher unbekanntes buch, uneröfnet zu lassen, als seine aufmerksamkeit von dem inhalte desselben abzuziehen.

Auf Akademien, mitten unter den Lehrern und Schülern, konnte eine so ununterbrochene bemühung kein anderes urtheil, als des lobes und der aufmunterung, veranlassen. Nach der rükkehr in seine vaterstadt, wo, vor fünfzig jahren, die wissenschaften weniger als heut zu tage gekannt und geschäzet waren, mußte eine so weit getriebene neigung zu den studien, eine so arbeitsame lebensart, den müssigeren jugendgefährten des Hrn. Hallers schon befremdender vorkommen. Er mußte einerseits die gewohnten anfrischungen entbehren, andrerseits viele wizige vorwürfe außstehn, die, nur zu oft,

oft, junge leute von den ersten versuchen des fleißes abwendig machen, und die triebe einer edlen ruhmbegierde ersticken.

Von den gedichten des Hrn. Hallers.

Sein erster poetischer versuch soll eine satyre in lateinischer sprache gewesen seyn, die Er, im zehnten jahre, aus jugendlichem unwillen gegen seinen allzuharten lehrmeister, verfertigte. Bey seiner sehr einsamen lebensart in Biel, in dem alter, da sich die herrschaft der einbildungskraft über unsre seele vorzüglich äussert, erwachte aufs neue bey Ihm der trieb zur poesie. Diese beschäftigung kan, als eine übung des geistes und des gefühles, schon einen merklichen nuzen haben. Viele epische, dramatische, lyrische versuche, alle die ersten früchte seines dichtrischen feuers, hat Herr Haller, nachwärts, einem reiffern geschmake aufgeopfert; damals aber machten sie, nebst seinen sorgfältig gesammelten auszügen von gelesenen büchern, sein liebstes eigenthum aus, das Er allein zu retten bemüht war, als ein naher brand das haus, das Er bewohnte, in gefahr sezte.

E

Das früheste, von seinen aufbehaltenen gedichten, sind die Morgengedanken, die Er zu Tübingen niederschrieb. Wir finden in diesen etwas von dem wortgepränge, welches die nachahmer des Guarini eingeführt hatten.

Das zweite stük seiner gedrukten gedichte schrieb Er in Leyden; da eben die abmattung, nach einer krankheit, die Sehnsucht nach dem Vaterlande, diese, uns Schweizern mehr als andern nationen gewöhnliche, gemüthsschwäche verursachet hatte. In diesem stüke erkennen wir schon mehr von den eigenen empfindungen unsers Hallers und eine edlere einfalt.

Von dem gedichte der Alpen habe ich in meinem vortrage geredet. Nicht nur die lebhaften gemälde so vieler natürlicher seltenheiten unsers landes, sondern, insbesondere, die moralischen schilderungen jener glücklichen einfalt der Alpenvölker und ihres vergnüglichen genusses der wahren vortheile der freyheit, machen dieses gedicht zu einem ehrendenkmale, welches der verfasser seinem Vaterlande aufgerichtet hat.

Zusäze.

Die verbindung der Philosophie mit der Dichtkunst ist eines der wirksamsten mittel, wichtige wahrheiten allgemeiner zu machen. Wo starke gedanken in einem körnichten ausdrucke, unter geschikten bildern, vorgelegt werden, müssen sie auf den verstand wie auf die einbildungskraft wirken. Die philosophischen gedichte unsers Hallers sind nicht nur mit solchen gedanken bereichert, die wir uns mit vergnügen durch das gedächtnis eigen machen, und deren wir uns, mit gleichem vergnügen, auf jeder stuffe des reifern alters erinnern; sondern wir finden in denselben öfters die muthigsten aussichten in die moralische welt, die erhabensten erwartungen von den göttlichen entzweken in der zukunft, mit dem feurigen schwunge, mit dem tiefen gefühle dargestellt, das sich jedem leser mittheilet.

So wie Herr Haller die zärtliche neigung zu seiner ersten Gemahlin, unter der aufschrift von Doris, in einem reizvollen gedichte besang, das, in seiner art, unverwelkliche schönheiten hat; so hat Er auch, mit starken, aus einem tief verwundeten herzen geschöpften zügen, seinen gerechten schmerz über den verlust dieser, seiner geliebten Marianne, geschildert.

„ Ein empfindsames herz, ein tiefsinniger geist, sind vielleicht noch wesentlichere eigenschaften zu der anlage eines guten Dichters, als eine glänzende einbildungskraft. Die strengste prüfung eines gedichtes ist diese; daß es, von der gebundenen schreibart entblöst, aus seiner ursprache in eine andere umgekleidet, dem geschmake fremder richter gefalle; diese prüfung haben die Hallerschen Gedichte, ungeacht der unvollkommenheiten der übersezungen, so ausgehalten, daß dadurch sein name früher ausgebreitet und allgemeiner bekannt worden. Sie wären auch, ganz gewiß, zureichend gewesen, ohne seine grössern verdienste um die wissenschaften, seinen namen zu verewigen.

Von dem ersten aufenthalte des Herrn Hallers in Bern.

Es ist in einer lebensbeschreibung des Herrn Hallers verschiedenes, von dem mangel der achtung seiner mitbürger gegen ihn, angeführt worden, und dörfte in künftigen lebensbeschreibungen wiederholt werden. Es ist allemal sehr übereilt, von dem geschwäze einzeler leute auf das urtheil der grössern

Zusäze.

zahl einen allgemeinen schluß zu ziehn. Folgende bemerkungen mögen auch dazu dienen, dieses allzustrenge vorgeben richtiger zu bestimmen.

Nach seiner rükkehr von den akademischen reisen war Herr Haller unstreitig begründet, nach dem verhältnisse seines angewandten fleißes u d seiner erworbenen wissenschaft, solche hofnungen zu schöpfen, deren gänzliche erfüllung Er selbsten, in seiner geburtsstadt, nicht erwarten konnte. Er hatte, ganz gewiß, schon damals, angesehene gönner und freunde, die seine verdienste zu schäzen wußten, und sich bemühten, einen angemessenen beruf, oder eine sichere anwartschaft, von der Regierung für Ihn auszuwirken, um seine abreise nach Göttingen zu hindern; allein, in einer Respublik, die fast nur eine größere familie ausmachet, werden ältere dienste, nicht ohne schein der billigkeit, vorgezogen; und ausserordentliche bestallungen finden, in kleinen Staaten, größere schwierigkeiten und, in absicht auf die folgen, nicht unbegründete bedenken.

Es ist auch begreiflich, wie die bekanntmachung satirischer schriften, bey ernsthaftern personen, die selbst keine ursache hatten, an dem besondern inhalte derselben theil zu nehmen, gleichwohl eine abneigung

gegen den jungen Verfasser erweken konnten. Das
war ein jugendliches versehen, das die unvorsichtige
anfrischung einiger freunde veranlasset hatte.

So widrig die entfernung von dem vaterlande
den empfindungen unsers Hallers damals gewesen
ist, so wenig haben wir nunmehr ursache selbige zu
bedauren. Niemals hätte Er in der Schweiz die
anlässe, die aufmunterungen, zu so wichtigen arbeiten gefunden, die, auf einem seinen talenten
angemessenen schauplaze, seinen so ausgebreiteten
ruhm gegründet haben. Dieser ruhm mußte die
achtung seiner mitbürger vermehren, die sich bis an
das ende seiner tage immer vergrößert hat, und auf
unsere nachkommen fortpflanzen wird.

Von dem aufenthalte des Herrn Hallers zu Göttingen.

Die auslegungen über die Boerhavischen werke
haben zuerst die großen kenntnisse unsers Hallers,
in der Anatomie und Arzneywissenschaft, der gelehrten welt bekannt gemacht. Die fehler seines Leh-
rers zeigte Er mit der größten bescheidenheit an, und

rechtfertigte jeden tadel durch eigene genaue beobachtungen. Kaum ist eine merkwürdige schrift, in ältern oder neuern zeiten, über einigen theil der medicin bekannt gemacht worden, von deren wesentlichstem inhalte zur beleuchtung der Boerhavischen lehren nicht gebrauch gemacht worden sey.

Diese arbeit veranlassete einen heftigen streit, mit dem Jenaischen Professoren, Hrn. Hofrath Hamberger, über die theorie von dem athemholen. Lezterer hatte sich bemüht, eine sehr alte meinung des Galenus zu behaupten, nach welcher dieses triebwerk unsers lebens einer, zwischen dem brustfelle und der lunge befindlichen, und durch das wechselweise anziehen der unter den rippen liegenden muskeln gepreßten oder freygelassenen luft, zugeschrieben wird. Herr Haller widerlegte diesen irrigen wahn, nach der lehre des Boerhave und Albinus, und unterstüzte diese mit anatomischen beobachtungen, die endlich den unbescheidenen zorn seines gegners entwafnten. Nach erhaltenem doppelten siege der wahrheit und der mäßigung, zeigte Herr Haller noch diese billigkeit gegen den überwundenen, daß Er, in den lezten ausgaben dieser streitschriften, alle spuren der widerlegung wegließ, und sich begnügte die lehre selbsten zu beleuchten.

Eine weit verdrießlichere anfechtung hatte Herr Haller von dem berühmten La Metrie auszustehn. Dieser mann, der seinen wiz und seine gaben auf ungescheute angriffe auch der natürlichen religion verwendet hat, wagte es, durch die zuschrift eines seiner werke, die denkungsart des Herrn Hallers zu verdächtigen. Wie dieser seinen billigen unwillen darüber an den tag legte, ließ La Metrie, aus rachsucht, sich zu den unbesonnesten zulagen, in nachfolgenden schriften, verleiten. Endlich machte der tod dieses leichtfertigen mannes, der die folge einer übermäßigen mahlzeit gewesen ist, seinen vorsezlichen beschimpfungen gegen unsern Haller ein ende; lezterer erhielt von dem Hrn. v. Maupertuis über alles vorgegangene die vergnüglichste erklärung.

Gelehrte streitigkeiten, wo sie mit der gebührenden mäßigung eigener meinungen und aus liebe zur wahrheit geführt werden, gereichen immer zur ausbreitung des lichtes und zur ehre derjenigen, die sich um dieselbe bemühen. Von dieser art sind die bemerkungen und einwürfe, die Herr Haller gegen das system des Hrn. v. Büffon, in den auszügen des vortreflichen werkes dieses leztern und in der vorrede zu der deutschen übersezung, angebracht hat;

wobey er den anlas gefunden, tiefe kenntnisse in der naturgeschichte an den tag zu legen.

Auf gleiche weise und mit eben der gründlichkeit hat Herr Haller das Leibnizische system, von dem ursprunge, des gegenwärtigen zustandes der oberfläche unsrer erde, und die hierüber von Hrn. del Moro, einem gelehrten Italiäner, vorgebrachten gründe, widerleget.

Aus eifer für den fortgang der naturwissenschaft hat Herr Haller, nebst andern gelehrten, einen besondern antheil an dem vorschlage genommen, den Hrn. Mylius nach Amerika reisen zu lassen. Verschiedene Fürsten unterstüzten diese nüzliche absicht. Obwohlen die ausführung, durch die schulde dieses jungen gelehrten, verzögert, und durch desselben tod endlich vereitelt worden; so gereichet es nichts desto minder unserm Haller zur ehre, einen entwurf so eifrig befördert zu haben, der seither, mit glüklicherem erfolge, nachgeahmet worden.

Von den beschäftigungen des Herrn Hallers nach seiner rükkunft in Bern.

Man hat sich in Deutschland wundern lassen, wie Herr Haller die in Göttingen genossene ehren und vortheile gegen die in Bern erhaltene Ammanstelle vertauschen konnte. Mit dieser bedienung ist das vorrecht verknüpft, bey sich ereignender ergänzung des großen Rathes der Hohen Wahlversammlung ein Subject zu empfehlen; dieses vorrecht war für die Familie des Hrn. Hallers schon beträchtlich genug, um, nebst denen übrigen, in meinen vortrage angeführten beweggründen, in erwartung mehr beträchtlicher ämter, jene vorbedienung dem Hrn. Haller annehmlich zu machen. Es ist aber schwer, fremden, die in ganz andern vorurtheilen, und vielleicht in der frühen bewunderung von besondern titeln, erzogen sind, die empfindungen eines Schweizers begreiflich zu machen, der einem mäßigen aber freyern schicksale vor einer glänzenden abhänglichkeit den vorzug giebet. Jener eigenstolz konnte gegen das wahre gefühl des Herrn Hallers für sein Vaterland keine wirkung haben.

Neben den angeführten Dicasterien, hat Herr Haller auch eine zeit lang an dem höchsten Ehgerichte, und zu einer andern zeit, an dem Ober-apellations-gerrichte des deutschen theils des Kantons, den beysiz gehabt, von welchem, leztern die rechtsfachen nur vor den großen Rath, als den höchsten gewalt, können gezogen werden.

Er ward unter andern auch demjenigen ausschusse beygeordnet, welchem die untersuchung der verordnungen, ansehend die Pfarreyen in dem französischen gebiete, aufgetragen war. Da, kurz zuvor, die Hohe Regierung ein kapital von ungefehr 170000 reichsthalern bestimmt hatte, um den jährlichen zins zu verbesserung der geringern pfarrbesoldungen zu verwenden.

Es wurden Ihm zu verschiedenen malen besondere aufträge gegeben; wie, zum beyspiele, die untersuchung neuer vorgeblicher Salzquellen, die einrichtung eines neuen salzwerkes, welches nachwärts, in betracht der allzugroßen unkösten, wieder unterlassen worden.

Aus anlas der zu Genf entstandenen unruhen und des von dem damaligen Minister am französischen Hofe genehmigten vorschlages, zu Versoix an dem ufer des Genfersees, eine stadt und hafen oder waarenlager zu bauen, ward Herr Haller, nebst dreyen andern Ehrengliedern des großen Rathes, dem geheimen Staatsrathe beygeordnet.

Diese und andere wiederholte zuziehungen zu wichtigen geschäften waren beweise des zutrauens in seinen eifer, das Er auch jedes mal durch die willigsten bemühungen rechtfertigte. Viele gutachten und Standesschreiben sind von Jhm entworfen worden. Die wichtigsten verordnungen des Sanitätrathes, unter andern, wider die eingedrungenen Landärzte, zu abhaltung des fortganges der viehseuche, zu rettung der ertrunkenen ꝛc. sind aus seiner feder geflossen.

Obwohlen solche zufällige arbeiten nicht von der art scheinen, einem Haller als ein verdienst angerechnet zu werden, so können sie doch fremden zum beweise des antheiles dienen, den Herr Haller an den öffentlichen geschäften seiner Vaterstadt genommen hat; solche bemühungen befördern immer die nüzlichen anstalten, und deutliche anweisungen machen die ausübung solcher anstalten leichter.

Während dem aufenthalte zu Roche hat Herr Haller verschiedene botanische reisen, in die benachbarten gebirge, gethan, die Ihm bey seinem zunehwenden alter beschwerlicher fallen mußten, die Ihn aber in den stand sezten, der leztern auflage seiner Sammlung Schweizerischer Pflanzen eine gröſsere vollkommenheit zu geben.

Auf einer gelegenlich, in 1757, nach dem Walliserlande gemachten lustreise, stund Er in der gröſsten gefahr, mit der kutsche, von einer hölzernen brücke, in einen tiefen waldstrom herab zu stürzen.

Von den besondern vorzügen seiner gelehrten arbeiten.

Ich bin nicht gesinnet, von den vielen und wichtigen schriften, diesen eigentlichen urkunden des ruhmes unsers Hallers, ein verzeichnis zu geben; solches ist in einigen sammlungen seiner kleinern gelehrten werke, und, vollständiger noch, in einigen lebensbeschreibungen dieses berühmten Mannes, zu finden.

Da ich aber wünschte, der gröſsern zahl meiner leser von den eigentlichen entdekungen des Herrn Hallers in der Botanik, Anatomie und Physiologie, einigen begrif zu geben; so habe ich mich bey einem gelehrten freunde desselben, bey dem berühmten Hrn. Tissot, rathes erholet, und von seiner gefälligkeit eine anzeige erhalten, von der ich nach bestem vermögen hier gebrauch mache.

Wenige Gelehrte haben in ihren wissenschaften so viel neues sich zuzueignen, wie unser Haller. Die methoden sind, in der naturgeschichte, mehr nothwendig in ihrem gebrauche, als zuverläßig in ihrer anwendung. Herr Haller studierte die anfänge der Botanik zu Tübingen, unter Duvernoy, nach der anleitung des Tournefort. Boerhave, sein zweiter lehrer, folgte dem Herrmann und Ray, in seinen abtheilungen der pflanzen. Bereits in 1731. gab Herr Haller eine beschreibung zweyer pflanzen heraus, die, ohne beziehung auf einige claßification, wegen ihrer deutlichkeit, für ein muster angesehen zu werden verdient. Da Er aber bis in 1736 seine botanische kenntnis ungemein ausgebreitet hatte; so ward eine methodische vorschrift für ihn unentbehrlich. Sein erstaunliches gedächtnis machte ihn zu dieser arbeit vorzüglich geschikt. Er suchte die von den kennern willkührlich gewählten unterscheidungszeichen, welche öfters in der anwendung mangelhaft sind, mit denen sichtbarsten kennzeichen zu verbinden, die allein zu deutlicher sönderung einiger arten nicht hinreichen. Er vermied dabey, sorgfältig, durch abänderung der üblichen namen die wissenschaft zu erschweren. Seine vielfältigen entdetungen in der Botanik, seine großen bemühungen in dieser wissenschaft, haben Ihm einen ausgezeichneten rang unter den berühmtesten Botanikern versichert.

Er hatte nicht weniger ausgedehnte kenntnisse in der Mineralogie, in der geschichte der thiere, in andern theilen der Naturhistorie.

Eine, bereits in 1735, gelegenlich gemachte zergliederung eines zweyköpfigen kindes, gab Ihm den ersten anlas, über den ursprung der Mißgeburten nachzudenken. Nach sorgfältiger vergleichung alles dessen, so Er, über diesen gegenstand, beobachtet und gelesen hatte, schrieb Er, in 1768, eine ausführliche abhandlung in zweyen büchern, in welcher die frage, von dem ursprunge solcher mißgeschöpfe, mit einer gründlichkeit behandelt wird, die Ihm ein recht giebet, für den urheber einer ganz neuen lehre gehalten zu werden. Nicht nur die alten, von den zeiten an des Empedocles, sondern die meisten neuern Naturforscher, hielten die mißgeburten von gedopelten körpern für zusammengewachsene mutterfrüchte. Hr. Haller erweiset, aus anatomischen erfahrungen, so weit sich dergleichen geheimnisse erweisen lassen, daß zufällige ursachen, nach der befruchtung, nur wenig beträchtliche verunstaltungen veranlassen können; daß also der grund wahrer Mißgeburten, in der anlage des thierischen samens vor der befruchtung, gesucht werden muß. Die entdekungen des Herrn Hallers über die entwiklung des jungen Vogels in dem eye, wovon ich beyläufig reden werde, dieneten auch seine lehre von den mißgeburten begreiflich zu machen.

Die genauere beobachtung der natur machet gewöhnlich unsern eitelen vorwiz zu schanden; wo wir ihre wege zu kennen glaubten, zeigen sich neue außnahmen und wunder; im gegentheil verschwindet oft das wunderbare, das unsre begriffe verwirrte. So hat Herr Haller, durch sorgfältigste untersuchungen an thieren, die vermeinte zweydeutigkeit des geschlechtes, in den sogenannten Zwittern, ungegründet befunden; und insonderheit nirgend an den innern, wesentlichern theilen des geschlechtes, wahrgenommen, bey denen die verbindung beider geschlechter niemals vollkommen, schwerlich auch nur in einigen theilen, bestehen könnte.

Wenn wir in die ältere geschichte zurükgehn, so werden wir finden, daß jeder irthum, jedes aus demselben entstandene vorurtheil, zu irgend einem abergläubischen und grausamen gebrauche anlas gegeben hat. Diese erfahrung soll uns jede entdekung, in erforschung der natur, schäzbar machen; sie giebt auch den stärksten moralischen beweis von der wichtigkeit der wissenschaft.

Von

Zusäze.

Von dem heftigen Hambergischen streite, über die erklärung des wahren triebwerkes bey dem Athem holen, habe ich bereits eine anzeige gegeben. Der eigensinn des gegners veranlaßte wiederholte erfahrungen, welche diese wichtige theorie, zum großen behelfe der arzneykunst, weit besser beleuchten.

Wenn man gleich unsern Haller für den ersten entdeker der Irritabilität oder Reizbarkeit der fibern, um der ursache willen, nicht erkennen wollte, weil andre, vor Ihm, diese eigenschaft, wie im dunkeln vermuthet, am unrechten orte gesucht, und noch übler die wirkung derselben erklärt haben; so gebührt Ihm doch, unstreitig, der ruhm, dieses vermögen in seiner ganzen ausdehnung an den tag gelegt, und dadurch das wahre geheimnis der natur, in unserm körperlichen leben, aufgedekt zu haben.

Der weise Schöpfer, welcher den fibern des herzens und der adern diese eigenschaft gegeben, sich, sobald sie gereizt werden, zusamen zu ziehn, hat auch dem geblüte eine besondere kraft zu reizen mitgetheilt; diese gegenseitige wirkung erklärt, auf die einfachste weise, die fortgesezte bewegung des herzens und den umlauf des geblütes durch alle adern, über deren erklärung die gelehrtesten Physiologisten, seit hundert und dreyßig jahren, sich verstossen hateu. Nehmen wir ferners an, daß die fibern der muskeln oder andrer theile des körpers und werkzeuge des lebens, so bestimmt sind, daß ihre reizbarkeit durch eigene flüssigkeiten erwekt wird, wie in den muskeln durch den nervensaft, in den eingewepden durch den chilus oder die dauungssäfte, in den drüsen durch eben die feuchtigkeiten, die sich in denselben sammeln und vervollkomnen; so können wir uns von dem ganzen animalischen triebwerke einen begrif machen.

Herr Haller hatte das große vergnügen, eine so wichtige entdekung durch tausend, theils eigene, theils von andern gemachte versuche, bestätiget zu finden. Wenn dieses der entzwek der arzneykunst seyn soll, die hindernisse wegzuräumen welche die wirksamkeit der natürlichen kräfte zu unserm leben stören, wie wesentlich ist es nicht den ursprung dieser wirksamkeit zu kennen?

Nicht weniger sind die vielen anatomischen untersuchungen, die Herr Haller, zu großer wohlthätigkeit für die menschen, vielleicht mit einiger grausamkeit gegen die thiere, angestellt hat, um den grad der Empfindsamkeit verschiedener sehnen und einzeler theile des körpers, und die mittheilung dieser Empfindsamkeit oder des schmerzes, von einem theile zum andern, zu beleuchten, in ihrer an-

wendung bey der praktischen Medicin und bey der
Wundarzney überaus wichtig.

Nachdem also unser Haller, mit so glüklichem erfolge, die ersten triebkräfte des thierischen lebens, die wahren ursachen der zum athemholen und zum umlaufe des geblütes erforderlichen bewegung, untersucht hatte, wünschte er auch, die geschichte der Erzeugung in ein deutlicheres licht zu sezen; keineswegs in der eiteln hofnung, ein geheimnis, das den schärfesten augen immer verborgen bleiben muß, aufzudeken; sondern in dem vertrauen, dem ursprunge des physischen lebens sich einige schritte zu nähern, und die kühnen muthmassungen andrer gründlicher zu prüfen. Alle Seine bisher angezeigten entdekungen haben, anfänglich, die gewöhnliche widersprechung erfahren, denen neue lehren ausgesezt sind; sie sind aber izt alle, durch den immer mehr sich ausdehmenden beyfall fleißiger beobachter der natur, bewähret. Das system allein des Hrn. Hallers von der Erzeugung, findet noch nicht eine so allgemeine beystimmung; es ist indessen mit einiger gewißheit zu vermuthen, es werde das schiksal desselben eben so wohl zum ruhme seines urhebers entscheiden werden, nach dem die umstände sich werden geändert haben, die andere hypoethesen bey vielen noch im ansehen erhalten.

Bereits in der erklärung der Boerhavischen lehre hatte Herr Haller von einigen sehr genauen beobachtungen, über die dunkele theorie der Erzeugung, gebrauch gemacht. Einige jahre hernach gab Er gelegenlich, eine sehr bescheidene widerlegung der lehre des Hrn. v. Büffon, von den innern formen und den organischen körperchen, heraus. Er zergliederte selbsten eine große anzahl, von weibchen vierfüßiger thiere, kurze zeit nach der beschwängerung, und überzeugte sich, daß der Embryon ursprünglich der mutter eigen sey.

Die beobachtungen, die Er hierauf, an den eyern, mit einer genauigkeit anstellte, die allen naturforschern zum muster dienen sollte, erweisen, daß das gelbe, oder dotter, welches auch bey unbefruchteten eyern sich befindet, den wesentlichen urstof des künftigen vogels ausmachet. Unmöglich kan also das uralte system der Epigenesis, oder der ersten erzeugung des Embryons nach der befruchtung des weibchens, mit diesen beobachtungen bestehn. Noch vielmehr war Hr. Haller begründet, jene zweydeutigen erzeugungen, jenes entstehen neuer arten, durch die zufällige verbindung verschiedener atomen, ohne vorherige bildung kleiner embryonen in der mutter, selbst ohne einige befruchtung, alle diese träume, die bereits

Zusäze.

Pithagoras verworfen und neuere mit vielem wize aufgewärmt haben, zu verlachen.

Ich bedaure sehr, denen lesern, die von diesen entdekungen einen mehrern begrif zu fassen wünschten, nicht alles mittheilen zu können, was in der von dem gelehrten Hrn. Tissot mir gütigst gegebenen anzeige ausführlicher enthalten ist. Die sorge, auch in dieser nachricht allzuweitläufig zu seyn, nöthigt mich, es bey der bloßen erwähnung der beobachtungen des Hrn. Hallers, über den wachstum der Gebeine und ihre wiederherstellung nach zufälligen brüchen, über die innre gestalt des Gehirnes und der Augen bey Vögeln und Fischen, auch über die Augen einiger vierfüßigen Thiere ꝛc. bewenden zu lassen.

Um sich in den stand zu sezen, die verdienste des Herrn Hallers um die Physiologie richtig zu beurtheilen, müssen Seine werke selbsten nachgelesen, und der vorige zustand dieser wissenschaft mit demjenigen verglichen werden, in welchem Er solche hinterlassen hat. Die ungemeine belesenheit des Herrn Hallers, die äusserste sorgfalt, mit der Er alle kenntnisse, versuche und vermuthungen, seiner vorgänger angezeigt und geprüfet hat, sind vielleicht schuld daran, daß Er von vielen mehr für einen großen Gelehrten, als aber für einen Erfinder und gründlichen Philosophen angesehen worden. Es bleibet aber, durch das urtheil der fähigsten richter in dieser sache, entschelden, daß unser Haller, nicht nur durch eigene entdekungen die wichtigsten theile der Physiologie beleuchtet, sondern auch aus den beobachtungen andrer einen nuzen zu ziehen gewußt, den sie selbsten nicht allemal in der gleichen ausdehnung eingesehen hatten, und so, durch die vollständigere verbindung aller theile, dieser wichtigen wissenschaft eine ganz neue gestalt gegeben hat.

Nach dem Herr Haller so vieles zur vervollkommnung der theorie der Arzneykunst beygetragen, wird es um so viel überflüssiger seyn, denselben gegen den vorwurf zu rechtfertigen, daß Er sich mit der ausübung dieser wissenschaft so wenig bemüht habe, je mehr der nuzen, alle künftige Aerzte belehrt zu haben, denienigen übertrift, den Er, durch aufopferung seiner zeit mit besorgung der kranken, hätte leisten können. Es ist anbey, einerseits, dieser beruf, den unsre ungedult in den schmerzen, unsre kleinmüthigkeit in den gefahren des lebens, so unentbehrlich machen, so vielen verdrießlichkeiten ausgesezt; das urtheil, welches die kranken und ihre freunde über den arzt zu fällen ein so billiges recht zu haben scheinen, ist, je nach dem erfolge, so willkührlich; andrer seits, ist das vergnügen in erfor=

schung der Natur, zu ausarbeitung der nüzlichsten kenntnisse, so reizend, der genuß einer solchen übung seiner fähigkeiten, für eine große seele, so stark; daß mir der vorzügliche hang eines philosophischen geistes für die leztere sehr begreiflich werden muß.

Von denen dem Herrn Haller bezeigten Ehrenbezeugungen.

Je nach den umständen, ist die aufnahme eines Gelehrten in berühmte Gesellschaften, entweders eine belohnung und aufmunterung für den erstern, oder eine bloße ehre für die leztern. Nachfolgende Akademien und Gesellschaften haben eine solche gefälligkeit gegen unsern Haller bezeiget, oder von demselben erhalten.

In 1734. die Königl. Schwedische Akademie der Wissenschaften in Upsal.

In 1747. die Königl. Schweb. Akad. der Wissenschaften in Stokholm.

In 1749. die Königl. Preußische Akad. der Wissenschaften.

In 1751. die Kaiserl. Akad. der Naturforscher. In gleichem Jahre die Akad. zu Bologna.

Zusäze.

In 1752. die Königl. Akad. der Wundärzte in Paris.

In 1753. die Physische und Medicinische Gesellschaft in Basel.

In 1754. die Königl. Akad. der Wissenschaften in Paris.

In 1756. die Gesellschaft der Arkadier in Rom.

In 1759. die Florentinische Botanische Gesellsch.

——— die Churfürstl. Bayersche Akademie zu München.

In 1764. die Physische Gesellschaft in Zürich.

——— die Holländische Gesellsch. in Harlem.

——— die Churfürstl. Braunschweig Lüneburgische Gesellschaft zu Zelle.

In 1772. das Königl. Collegium der Aerzte in Edimburg.

In 1773. die Königl. Dänische Gesellschaft der Wissenschaften in Kopenhagen.

——— die Oekonomische Gesellsch. in Padua.

In 1776. die Gesellschaft der Aerzte bey der hohen Schule in Edimburg.

——— die Königl. correspondirende Gesellschaft der Aerzte in Paris.

In 1777. die Patriotische Gesellschaft in Hessen Homburg.

——— die Kaiserl. Gesellschaft der Wissenschaften in Petersburg.

Zusätze.

In 1776. ist Herr Haller mit dem Ordenszeichen des Nordsternes beschenkt worden.

Er war in 1751. bey der stiftung der Königl. Gesellschaft zu Göttingen zum beständigen Präsidenten ernennet worden.

Ein Jahr zuvor hatte Er, auf Königlichen Befehl, das Collegium der Wundärzte errichtet und den Vorsiz erhalten.

Von den persönlichen umständen des Herrn Hallers.

Es wäre etwas seltsames, von Männern, die wichtiger geschäfte und des nachdenkens gewohnt sind, in alltäglichen gesellschaften jene freudige aufmerksamkeit jedesmal zu fordern, welche müßigere leute zu einem geseze des wohlstandes zu machen scheinen. Unter leuten, die an wissenschaft und unterricht ein gefallen hatten, war Herr Haller mehrtheils gefällig und aufgeweckt. Er besaß eine gründliche kentnis aller theile der Naturlehre; Er war in der allgemeinen ältern und neuern Geschichte belesen und fest; von den besondern anliegenheiten einzeler Staaten, in absicht auf die kultur, die manufacturen, die handelschaft und die bevölkerung, hatte er sehr ausgedehnte begriffe; die Reisebeschreibungen waren Ihm alle bekannt, und das umständliche aller entdekungen, so wie die genaue beschreibung aller welttheile, immer gegenwärtig; Er hatte die litteratur, der alten und neuern gesitteten völker, deren sprachen Ihm alle geläufig waren, selbst mit inbegrif vieler romanen und schauspiele, beynahe erschöpft; sein erstaunliches gedächtnis erinnerte Ihn an den inhalt einiger tausend bücher dieser art, die Er, von jugend an, ganz gewiß nicht in der absicht, sich derselben so genau zu erinnern, gelesen hatte.

Fremden, die den Herrn Haller nicht persönlich gekannt haben, und unsern nachkommen wird es vielleicht nicht gleichgültig seyn, etwas von Seiner äusserlichen bildung zu wissen; da doch immer die vorstellung eines berühmten Mannes unsrer einbildungskraft etwas unterhaltendes darzustellen scheinet. Er war von langer, ansehnlicher gestalt; Seine pfisionomie, war, theils wegen des kurzen gesichtes, theils wegen der angewöhnten spannung der muskeln, gemeiniglich ernsthaft, voll ausdrukes, und, je nach der lebhaften abwechslung der gedanken, verschieden.

Zusäze.

Die zunehmende stärke des leibes, die schon bemerkte schwachheit des gesichtes, die gewohnheit einer überaus kleinen fast unleserlichen handschrift, mußten Ihm die arbeit nothwendig erschweren. Es herrschte aber der trieb zu den studien so gewaltig über Ihn, daß Er sich nicht enthalten konnte, des tages gleich nach den mahlzeiten, und bey später nacht ohne schonen, zu lesen oder zu schreiben. Seine ungedult in der gezwungenen musse der krankheiten war auch so groß, daß Er jederzeit mehr darauf bedacht war, widrige zufälle zu verkürzen, als solche aus dem grund zu heben. Es ist sich zu verwundern, wie Herr Haller, bey einer solchen lebensart, an die siebenzig jahre gelangen konnte; denn sein ganzes leben war, im genauesten verstande, eine aufopferung des vergnügens und der gesundheit für die wissenschaft. Er ist den 12 December 1777. verscheiden.

Seine erste Gemahlin, Marianne, war die älteste tochter Hrn. Samuel Wyßen, Hrn. zu Mathod und La Mothe. Er hatte Selbige in 1731. gechlicht und in 1736. verloren. Von dieser ehe leben noch ein Sohn und eine Tochter.

Die zweite Gemahlin, Elisabeth, war eine tochter Hrn. Joh. Rud. Buchers, mitgliedes des engern Rathes und Venner der Republik. Er hatte dieselbe in 1738 nach Göttingen abgeholt, und mit ihrem erstgebornen Kinde wieder verloren.

Der Vater der noch izt lebenden dritten Gemahlin des Hrn. Hallers, Amalia Friederica, Hr. Herrm. Fried. Teichmeyer, Erbherr von Camsdorf und Wenigeniena, war Sr. Durchl. von Sachsen Weimar und Eisenach Hofrath und Leibarzt, Prof. der Anatomie, Chirurgie und Botanik, auf der Universität zu Jena; Mitglied der Kaiserl. Akad. der Naturforscher und der Königl. Preußischen Gesellschaft der Wissenschaften. Von dieser ehe sind drey Söhne und drey Töchter bey leben.

Der junge Prinz, von dem in dem vortrage geredet wird, ist der Durchl. Prinz Peter von Holstein-Gottorp, Coadjutor des Bischtumes Lübek ꝛc. Er schrieb unterm 30ten December, an Hrn. Sinner, alt Landvogt von Sanen: „Ich „klage Ihnen aufrichtig leid, über die nachricht „von dem tode des großen Hallers, und geniesse „den traurigen trost, mein bedauren mit dem Ih- „rigen zu verbinden. Sie verlieren einen Freund, „den auch ich allzusehr hochschäzte um Ihn nicht „zu lieben. Lasset uns, Seine Freunde, das an- „denken Seiner vorzüge in dem herzen verwahren; „Sein Name sey für uns ein sporn zu der nach- „ahmung Seiner tugenden ... Ich war zu jung

„ wie Ich das glück hatte Ihn zu kennen — Ich
„ erinnere mich izt mit bedauren jener zeit, wie Er
„ mit einem schnellen blike jeden gegenstand eines
„ gespräches, in seiner weitesten ausdehnung, um-
„ fassete — Sein geist war beständig auf die wahr-
„ heit gerichtet; das ist der feste grund alles schö-
„ nen — kein eiteler schimmer, kein nachjagen nach
„ wiz. — — Doch, um uns zu trösten, bedörfen
„ wir nur der vorstellung eines augenblikes Seines
„ lebens, und dieser vorstellung bin ich so gewiß,
„ als ob ich neben Seinem sterbbette gesessen
„ hätte. — — "

Dieses, für das edle herz des Prinzen, so wie
für das andenken des Hrn. Hallers, so ruhmliche
zeugnis stimmt mit dem begriffe überein, nach welchem Ich öfters den Herrn Haller habe beurtheilen
hören. Ein Fremdling von stand, der eben einen
andern berühmten Mann besucht hatte, sagte von
diesem: „ Der hat auch ungemein viel geist; aber
„ jener (Herr Haller) hat zu dem ein herz!

* * * *

Empfindungen der hochachtung, der dankbarkeit
und der freundschaft, haben die Löbliche ökono-
mische Gesellschaft gleichsam aufgefordert, einem so

würdigen Präsidenten, einem so berühmten Mitbürger, nach desselben hinscheide, eine lezte ehrenbezeugung öffentlich abzustatten. Solches geschah in der neuen Gallerie hiesiger Stadtbibliothek, in einer sehr zahlreichen versammlung.

Unsere Gnädige Herren des täglichen Rathes geruheten, unterm 28ten merz Dero gnädigen beyfall durch folgenden Schluß zu bezeigen.

✻ ✻ ✻ ✻

„Das vergnügen und Gnädige wohlgefallen,
„welches U. G. H. H. bey anhörung der, vor
„wenigen tagen, von seiten der Löbl. ökonomischen
„Gesellschaft allhier, zu Ehren Ihres würdigen
„Präsidenten, weiland MsHghrn alt Salzdirekto-
„ren Hallers, gehaltenen Lobrede geschöpfet,
„bewegen MeGHrn, meinen Hochgeacht Gnädigen
„Herren Schultheissen freundlich anzusinnen,
„Mewghrn. den iezigen Hrn. Präsidenten, samt
„demjenigen Ehrengliede der Gesellschaft, welcher
„diese rede gehalten, zu Sich bitten zu lassen;

Zusätze

„ denenselben zu eröfnen, daß MeGHrn, der Eh-
„ renbezeugung, welche bemelte Löbl. Gesellschaft,
„ diesem Gelehrten, der Sich, durch so manig-
„ faltige vorzüge in allen Fachen der Wissenschaft,
„ einen so großen ruhm erworben, bewiesen hat,
„ vollkommenen beyfall geben ꝛc."